PRESENTADO A:

_____

DE:

_____

FECHA:

_____

Su
mejor vida
AHORA
para las madres

JOEL OSTEEN

New York   Boston   Nashville

FaithWords
Hachette Book Group
237 Park Avenue
New York, NY 10169

www.faithwords.com

Impreso en los Estados Unidos de América

WOR

Primera edición: Abril 2015

10 9 8 7 6 5 4 3 2 1

FaithWords es una división de Hachette Book Group, Inc.
El nombre y el logotipo de FaithWords es una marca registrada de Hachette Book Group, Inc.

El Hachette Speakers Bureau ofrece una amplia gama de autores para eventos y charlas. Para más información, vaya a www.hachettespeakersbureau.com o llame al (866) 376-6591.

International Standard Book Number: 978-1-4555-6263-3

CONTENIDO

MADRE ES EL NOMBRE DE DIOS EN LOS LABIOS

Y CORAZONES DE LOS PEQUEÑITOS.

—WILLIAM MAKEPEACE THACKERY

Introducción

La dama de Proverbios 31 es extraordinaria en todas las facetas de su vida. Ella es la esposa perfecta y la madre ideal, todo en una sola persona. No se puede leer las descripciones de su carácter noble sin desear todo lo que ella es y tiene. Sin embargo, todos sabemos que mientras algunas madres se aferran a la vida con entusiasmo y encuentran una gran alegría en la maternidad, tal sueño grandioso no siempre se desplaza a todo el mundo.

No estoy hablando sobre convertirse en una madre perfecta. Reconozco la tensión que conlleva la alimentación nocturna, la varicela, el entrenamiento de ir al baño, las rabietas, las diferencias de personalidad, y la lista sigue y sigue. Ninguna mamá es perfecta, y no todos los momentos son gloriosos. La maternidad tiene sus altibajos y tremendos desafíos.

Pero estoy hablando de madres que nunca parecen llegar, ni siquiera cerca, a descubrir la alegría de la maternidad. ¿Por qué? ¿Qué hace la diferencia?

Madres felices, exitosas y realizadas han aprendido a vivir su mejor vida *ahora*. Ellas sacan el mejor provecho del momento presente y, por lo tanto, enriquecen su futuro. Usted también lo puede lograr. No importa dónde se encuentre o los retos que esté enfrentado, ¡usted puede disfrutar su vida ahora!

Muchas mujeres entran en la maternidad con una baja autoestima, centradas en lo negativo, sintiéndose inferiores o inadecuadas, siempre insistiendo en razones por las que no pueden ser felices. Otras posponen su felicidad hasta una fecha futura. Desgraciadamente, ese "algún día" nunca llega. Hoy es el único día que tenemos. No podemos hacer nada sobre el pasado, y no sabemos lo que depara el futuro. *¡Pero podemos vivir a nuestro máximo potencial ahora!*

En este libro, usted descubrirá cómo hacerlo. En estas páginas, encontrará siete pasos sencillos, pero profundos, para mejorar su vida como madre. Si usted toma estos pasos, finalmente será más feliz que nunca antes, viviendo con alegría, paz y entusiasmo ¡por el resto de su vida!

La reto a romper con la mentalidad de "a duras penas" que poseen tantas madres, para ser la mejor madre que pueda ser, no una de la media o común. Para hacer eso, puede que tenga que deshacerse de algunas mentalidades negativas que la están deteniendo y empezar a verse a sí misma como una que haga más, disfruta más, ser más. ¡Eso es lo que significa vivir su mejor vida ahora!

ESTÁ VESTIDA DE FORTALEZA Y DIGNIDAD,

Y SE RÍE SIN TEMOR AL FUTURO.

CUANDO HABLA, SUS PALABRAS SON SABIAS,

Y DA ÓRDENES CON BONDAD.

ESTÁ ATENTA A TODO LO QUE OCURRE EN SU HOGAR,

Y NO SUFRE LAS CONSECUENCIAS DE LA PEREZA.

SUS HIJOS SE LEVANTAN Y LA BENDICEN.

—DEL LIBRO DE PROVERBIOS (NTV)

EXPANDA

su visión

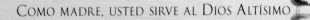

Como madre, usted sirve al Dios Altísimo

y el sueño de Él para usted

y su familia

es tan grande y mucho mejor

de lo que pueda jamás imaginar.

LA MATERNIDAD ES PRECIADA PARA DIOS,

DE TAL VALOR QUE NINGÚN HOMBRE SE ATREVERÍA

A MENOSPRECIAR O MALINTERPRETAR.

—HELEN HUNT JACKSON

Cambie su mente Y
AMPLÍE SU MUNDO

Servimos al Dios que creó el universo…y la maternidad. Nunca se conforme con una visión pequeña de Dios. Él desea hacer cosas grandes y cosas nuevas en nuestras vidas. Dios quiere que vayamos constantemente en aumento, alcanzando nuevas alturas. Dios desea equiparla para las vastas responsabilidades que conlleva la maternidad. Él quiere que su sabiduría aumente y ayudarla a tomar mejores decisiones. Él desea derramar "la incomparable riqueza de su gracia" sobre usted y sus hijos (Efesios 2:7).

Pero, ¿usted lo cree? ¿O está enfocada en sus fallas y defectos maternales, o con sentimientos que la abruman de jamás llegar a ser una madre suficientemente buena? ¿Está su propio pensamiento negativo impidiéndola de obtener lo mejor de Dios?

Es hora de *expandir su visión*. Para vivir su mejor vida ahora, usted debe comenzar a mirar la vida a través de los ojos de la fe, visualizando la vida que quiere vivir. Vea su familia prosperar. Vea sus hijos crecer en la fe. Vea su matrimonio restaurarse. Si alguna vez anhela experimentarlo, usted debe concebirlo y creer que es posible.

Para concebirlo, debe tener una imagen en su interior de la vida que desea vivir en el exterior. Esta imagen tiene que convertirla en una parte de usted, en sus pensamientos, sus conversaciones, en lo profundo de su mente subconsciente, en sus acciones, en cada parte de su ser. Si usted desarrolla una imagen de la victoria, del éxito, la salud, la abundancia, la alegría, la paz y la felicidad, nada en este mundo será capaz de impedir esas cosas de usted.

"He aquí que yo hago cosa nueva; pronto saldrá a luz; ¿no la conoceréis?" (Isaías 43:19, RV60). Tal vez Dios le está haciendo esta pregunta hoy. "¿No ves lo que quiero hacer, y está dándole lugar a ello en su forma de pensar?".

La verdad es que si usted se pone en acuerdo con Dios, este puede ser el mejor momento de su vida. Con Dios de su lado, usted no puede perder. Él puede abrir un camino donde pareciera que no hay manera. Él puede abrir puertas que ningún hombre puede cerrar. Él puede hacer que se siente en el lugar correcto, en el momento adecuado. Él puede darle un giro sobrenaturalmente a su vida.

Deshágase de esos pensamientos mezquinos y empiece a pensar como Dios piensa. Piense en grande. Piense en aumento. Piense en abundancia. ¡Piense en más que suficiente para usted y sus hijos!

CONSIDERE LA PALABRA DE DIOS A LA LUZ DE LA MATERNIDAD

"Porque yo sé muy bien los planes que tengo para ustedes"
—afirma el SEÑOR—, "planes de bienestar y no de
calamidad, a fin de darles un futuro y una esperanza".

JEREMÍAS 29:11

Ningún lenguaje puede expresar el poder y la belleza, el heroísmo y la majestad del amor de una madre. No se achica donde el hombre se acobarda, y se hace más fuerte, donde el hombre desmaya, y de los despilfarros de fortunas mundanas se destella su inextinguible fidelidad como una estrella en el cielo.

—E. H. Chapin

Entonces el ángel le dijo: María, no temas,

porque has hallado gracia delante de Dios.

Y ahora, concebirás en tu vientre,

y darás a luz un hijo,

y llamarás su nombre Jesús.

—Lucas 1:30-31 RV60

Dios está DE SU LADO

COMO MUJER, TAL VEZ USTED HA pensado en lo que María debe haber sentido cuando el ángel le dijo que ella concebiría sin tener intimidad con un hombre. En otras palabras, Dios estaba diciéndole que iba a suceder a través de un modo sobrenatural. El poder del Dios Altísimo la cubriría y causaría la concepción por medio de su Espíritu. Y la confirmación reiterada que se le dio fue profundamente simple: "...porque nada hay imposible para Dios" (Lucas 1:37).

Del mismo modo, Dios está constantemente tratando de plantar nuevas semillas en su corazón. Él está constantemente tratando de que usted conciba, que renuncie a ideas anticuadas, y generar nuevas ráfagas de creatividad dentro de usted. Él está queriendo llenarla con mucha esperanza y expectación de que la semilla germinará y dará a luz una tremenda cosecha.

¿Permitirá que la semilla eche raíces? Todo comienza estando dispuesta a cambiar su forma de pensar y empezar a creer por algo más grande. Curiosamente, cuando Jesús quiso animar sus seguidores a ampliar sus visiones, les recordó: "Ni tampoco se echa vino nuevo en odres viejos" (Mateo 9:17). Él estaba diciendo que no se puede tener una vida abundante con actitudes limitadas. ¿Va a extender su fe y visión y deshacerse de los viejos modos de pensar negativos que la detienen?

Sobrepase las barreras del pasado y espere por las cosas grandes que Dios hará en su vida. Empiece a hacer espacio en su pensamiento de lo que Dios tiene preparado para usted y su familia. Usted debe concebirlo en su corazón y su mente antes de que pueda recibirlo. La clave es creer, para que las semillas que Dios está poniendo en su vida puedan echar raíces y crezcan. Espere de Dios su favor, tal como lo hizo María, para ayudarle a salir de los atolladeros y elevarse a nuevas alturas. Espere sobresalir en cualquier cosa que haga.

Este es su tiempo de aumento. Es posible que haya estado enferma durante mucho tiempo, pero este es su tiempo para recuperarse. Puede tener algún hijo que está preso en adicciones o malos hábitos, pero este es el momento de ser puesto en libertad. Usted puede estar luchando financieramente, pero Dios no se limita a los préstamos bancarios o tener la educación adecuada. Le puede pasar a pesar de su pasado y de lo que los críticos estén diciendo. ¿Va usted a creer?

Elimine esa mentalidad de "a duras penas" y permita que la semilla de Dios eche raíces. Recuerde: Con Dios, todas las cosas son posibles.

CONSIDERE LA PALABRA DE DIOS A LA LUZ DE LA MATERNIDAD

"…Se hará con ustedes conforme a su fe".

MATEO 9:29

MI MADRE PLANTÓ SEMILLAS DE FE

Y LAS REGÓ CON AMOR.

—ALICE GRAY

EL AMOR DE UNA MADRE ES EL COMBUSTIBLE QUE PERMITE

A UN SER HUMANO NORMAL HACER LO IMPOSIBLE.

–MARION C. GARRETTY

Cambie SUS EXPECTATIVAS

¡Dios tiene mucho más en reserva para usted! Su sueño para su vida es mucho más grande de lo que se pueda imaginar. Si Dios le mostrara todo lo que Él tiene para usted, se quedaría atónita.

Él está muy interesado en aquello que usted ve a través de sus "ojos espirituales". Si usted tiene una visión de victoria en su vida, puede elevarse a un nuevo nivel. Pero mientras esté enfocada en sus problemas en lugar de sus posibilidades, se arriesga a moverse en la dirección equivocada y perderse de las grandes cosas que Dios quiere hacer en y a través de usted. Es un hecho tanto espiritual como psicológico: Nos movemos hacia aquello que visualizamos en nuestras mentes.

Su vida seguirá sus *expectativas*. Lo que usted recibe está directamente conectado a la forma en que usted cree. Si permanecemos en pensamientos positivos, su vida se moverá hacia esa dirección; si usted continuamente tiene pensamientos negativos, vivirá una vida negativa, que afectará su relación con su esposo y sus hijos. Si lo que espera es derrota, fracaso o mediocridad, su mente subconsciente se asegurará de que usted pierda, fracase o sabotee todo intento de sobresalir de la mediocridad. Si usted eleva su nivel de expectativa, ampliará su visión.

Es hora de dejar de limitar a Dios. Recuerde: ¡Dios es su fuente, y su creatividad y sus recursos son ilimitados! Dios puede darle un sueño. Una idea de parte de Dios puede cambiar el curso de su vida para siempre. Dios no está limitado por lo que tiene o no tiene. Dios puede hacer cualquier cosa, si simplemente dejara de limitarlo en su pensamiento.

Tal vez usted viene de una larga línea donde ha pasado por divorcio, fracaso, depresión, mediocridad, y otros problemas personales o familiares. Es necesario que diga: "Ya es suficiente. Voy a romper este ciclo y a cambiar mis expectativas. Voy a empezar a creerle a Dios por cosas más grandes y mejores".

Cuando Dios pone un sueño en su corazón, cuando Él trae oportunidades en su camino, láncese con valor en fe, espere lo mejor, avance con confianza, sabiendo que usted es perfectamente capaz de hacer lo que Dios quiere que haga. Dios quiere hacer algo nuevo en su vida. Pero tiene que hacer su parte y salir de ese pequeño cajón donde ha crecido y se ha acostumbrado. ¡Empiece a pensar en grande!

Este podría ser el día que vea su milagro.

CONSIDERE LA PALABRA DE DIOS A LA LUZ DE LA MATERNIDAD

Hermanos, no pienso que yo mismo lo haya logrado ya.
Más bien, una cosa hago: olvidando lo que queda atrás
y esforzándome por alcanzar lo que está delante, sigo
avanzando hacia la meta para ganar el premio que Dios
ofrece mediante su llamamiento celestial en Cristo Jesús.

FILIPENSES 3:13-14 RV60

De aquí a cien años, no importará

qué tipo de coche conducía, qué tipo de casa vivía,

cuánto dinero tenía en el banco,

o cómo me vestía. Pero de aquí a cien años

el mundo podrá ser un poco mejor

porque fui muy importante en la vida de un niño.

—Forest E. Witcraft

"MADRE" SIGNIFICA DEVOCIÓN DESINTERESADA, SACRIFICIO ILIMITADO,

Y AMOR QUE SOBREPASA TODO ENTENDIMIENTO.

—DESCONOCIDO

La madre con
mentalidad de favorecida

Cuando Dios guió al pueblo hebreo de la esclavitud en Egipto, el viaje de once días a la Tierra Prometida tomó cuarenta años. Dios quería que ellos avanzaran, pero ellos deambularon en el desierto, pasando alrededor de la misma montaña, una y otra vez. Estaban atrapados en un mentalidad pobre y derrotista, centrándose en sus problemas, siempre quejándose y preocupándose por los obstáculos entre ellos y su destino.

No importa lo que usted o su familia hayan pasado en el pasado, no importa cuántos reveses haya sufrido o quién o qué haya tratado de frustrar su progreso, hoy es un nuevo día, y Dios quiere hacer algo nuevo en su vida. No deje que su pasado determine su futuro.

Si usted cambia su forma de pensar, Dios puede cambiar su vida. Usted nació para ganar; usted nació para la grandeza; usted fue creada para ser una campeona para sus hijos. Nuestro Dios es llamado *El Shaddai*, "el Dios que es más que suficiente". ¡Él no es *"El Escaso"*, el Dios de "a duras penas"!

La Biblia dice claramente que Dios nos ha coronado de "gloria y honra" (Salmo 8:5). La palabra *honra* también podría ser traducida como "favor", y *favor* significa "asistir, proveer con ventajas especiales y recibir trato preferencial". En otras palabras, Dios quiere asistirla, promoverla, darle ventajas. Pero para experimentar más del favor de Dios, debemos vivir más con "mentalidad de favorecido". Debemos esperar asistencia especial de Dios y liberar nuestra fe, sabiendo que Dios nos quiere ayudar.

Podemos esperar un trato preferencial, no por *quienes* somos, pero debido a *de quién* somos. No es porque nosotros somos mejores que los demás o que nos lo merecemos. Es porque nuestro Padre es el Rey de reyes, y su gloria y honra se derrama sobre nosotros y nuestras familias. Como hijos de Dios, podemos vivir con confianza y audacia, esperando cosas buenas. Si amamos a Dios, Él está obrando a nuestro favor, y todo saldrá bien para nuestro bien, aunque puede que no siempre sea de la manera que esperamos. No importa lo que haga o deje de hacer, siga creyendo por el favor de Dios.

Viva con una mentalidad de favor. Levántese cada día, esperando y declarando. Diga: "Tengo el favor de Dios. Mi familia tiene el favor de Dios". No se quede pasiva. Usted hace su parte, y Dios hará la de Él.

CONSIDERE LA PALABRA DE DIOS A LA LUZ DE LA MATERNIDAD

"Ya pasaron bastante tiempo en este monte…
¡Miren, les doy toda esta tierra! Entren y tomen
posesión de ella, porque es la tierra que el SEÑOR
juró dar a sus antepasados —Abraham, Isaac y
Jacob— y a todos los descendientes de ellos".

DEUTERONOMIO 1:6, 8 NTV

Ensancha el espacio de tu carpa, y despliega las cortinas de tu morada. ¡No te limites! Alarga tus cuerdas y refuerza tus estacas. Porque a derecha y a izquierda te extenderás; tu descendencia desalojará naciones, y poblará ciudades desoladas.

—Isaías 54:2-3

LA MUJER QUE CONSTRUYE Y SOSTIENE UN HOGAR,
Y BAJO SUS MANOS CRÍA HIJOS PARA QUE SEAN
HOMBRES Y MUJERES FUERTES Y PUROS DE CORAZÓN,
DESPUÉS DE DIOS, ES LA SEGUNDA CREADORA.
–HELEN HUNT JACKSON

EL poder DE UNA
ACTITUD de fe

Cuando usted vive con una mentalidad de favorecida, la Biblia dice que las bendiciones de Dios, "la bondad y el amor me seguirán todos los días de mi vida" (Salmo 23:6). En otras palabras, usted no será capaz de dejar atrás las cosas buenas de Dios. Donde quiera que vaya, las cosas van a cambiar a su favor. Cada vez que dé la vuelta, alguien va a querer hacer algo bueno por usted o por alguien en su familia. Nada va a poder limitarla.

La Biblia está llena de ejemplos de personas que pasaron por gran necesidad, pero entonces el favor de Dios cambió sus situaciones. Cuando toda la tierra estaba a punto de ser destruida por un diluvio, Noé "halló gracia" ante los ojos de Dios (Génesis 6:8) y construyó un arca para salvar a su familia, los animales, y a sí mismo. Prácticamente muriéndose de hambre, Ruth encontró "favor" con el dueño del campo de cebada y trigo (Rut 2:10). Con el tiempo, ella y las terribles circunstancias de su suegra dieron un giro, y sus necesidades fueron suministradas en abundancia. A pesar de la abrumadora adversidad siendo esclavo en Egipto, el "favor" de Dios estuvo sobre José (Génesis 39:5-23), y sin importarle lo que la gente le hiciera, él continuó prosperando.

Si usted va a vivir con una actitud de fe, en poco tiempo el favor de Dios va a aparecer, y esa difícil situación dará un giro para su beneficio. En menos de un año, Job perdió su familia, su negocio y su salud. Él vivió en un dolor perpetuo. Pero en medio de esa hora oscura, Job le dijo a Dios: "Me diste vida, me favoreciste con tu amor" (Job 10:12). Sorprendentemente, Job no fue librado, sanado, ni puesto en libertad ¡hasta el capítulo 42! Pero desde el principio, cuando sus circunstancias parecían las más inútiles, Job estaba diciendo: "Dios, no me importa cómo se ve la situación o lo mal que me siento. Tú eres un Dios bueno. Tu favor va a revertir esta situación".

Con razón Dios restauró a Job ¡el doble de lo que tenía antes! Usted puede estar en una situación con su hijo que parezca imposible, pero nunca renuncie a Dios. Si usted aprende a permanecer en una actitud de fe y declarar el favor de Dios, en lugar de estar desalentado y desarrollar una actitud de amargura, Dios promete que las cosas buenas le llegarán a usted. Un toque del favor de Dios puede cambiarlo todo, en usted y en su relación con su hijo.

CONSIDERE LA PALABRA DE DIOS A LA LUZ DE LA MATERNIDAD

Aunque la higuera no florezca, Ni en las vides
haya frutos, Aunque falte el producto del olivo, Y
los labrados no den mantenimiento, Y las ovejas
sean quitadas de la majada, Y no haya vacas en
los corrales; Con todo, yo me alegraré en Jehová,
Y me gozaré en el Dios de mi salvación.

HABACUC 3:17-18 RV60

DESARROLLE

una imagen propia sana

La verdadera autoestima solo puede ser
basada en lo que Dios dice acerca de mí,
no en lo que yo pienso o siento acerca de mí.
Yo soy quien Dios dice que soy.

DIOS NO PODÍA ESTAR EN TODAS PARTES,

POR ESO ÉL HIZO A LAS MADRES.

—PROVERBIO JUDÍO

DIOS LA VE
COMO UNA *campeona*

CUANDO EL ÁNGEL DEL SEÑOR SE le apareció a Gedeón para decirle cómo Dios iba a usarlo para liberar al pueblo de Israel de los madianitas, sus primeras palabras fueron: "Jehová está contigo, varón esforzado y valiente" (Jueces 6:12 RV60). Gedeón mostró lo que de verdad era cuando replicó: "Ah, señor mío, ¿con qué salvaré yo a Israel? He aquí que mi familia es pobre en Manasés, y yo el menor en la casa de mi padre" (v. 15).

¿Le suena familiar? A menudo, sentimos que Dios nos está diciendo que Él tiene algo grande para nosotros realizar. Pero debido a nuestra pobre imagen propia, decimos: "Dios, yo no puedo hacer eso. Busca a alguien más cualificado. Yo no tengo lo que se requiere".

Su autoimagen es algo similar a un autoretrato; es la manera en que usted se percibe a sí misma, que puede o no ser un reflejo exacto de quien realmente es usted. Como usted se perciba a sí misma tendrá un tremendo impacto en la madre que usted quiere ser, porque usted probablemente hablará, actuará y reaccionará como la persona que usted *piensa* que es. La verdad es que nunca podrá ir más allá de la imagen que usted tiene de sí misma en su mente.

Es interesante notar la diferencia entre la manera que Gedeón se vió a sí mismo y la manera en que Dios lo recompensó. A pesar de que Gedeón se sintió descualificado, temeroso y falto de confianza, Dios se dirigió a él como un varón esforzado y valiente. Gedeón se sintió débil; Dios lo vio fuerte y competente para dirigir su pueblo a la guerra y obtener la victoria.

Dios desea que tengamos autoimágenes positivas y saludables, que nos veamos a nosotros mismos como campeones. Usted podría sentir que como madre es un fracaso, pero eso no cambia la imagen que Dios tiene de usted. Usted puede sentirse descualificada, débil y temerosa, ¡pero Dios la ve como una mujer victoriosa! Él nos creó a su imagen, y Él está continuamente moldeándonos, conformándonos a su carácter, ayudándonos a ser aún más como la persona que Él es.

Por consiguiente, debemos aprender a amarnos a nosotros mismos, con nuestras faltas y todo, no porque somos egoístas, sino porque así es como nuestro Padre celestial nos ama. Usted puede caminar con confianza sabiendo que Dios la ama incondicionalmente. Su amor por usted se basa en lo que usted *es*, no en lo que *hace*. Él la creó con un ser único; nunca ha existido, ni existirá, otra persona exactamente como usted, ¡y Él la ve como su obra maestra especial!

CONSIDERE LA PALABRA DE DIOS A LA LUZ DE LA MATERNIDAD

…pero él me dijo: «Te basta con mi gracia, pues mi
poder se perfecciona en la debilidad.» Por lo tanto,
gustosamente haré más bien alarde de mis debilidades,
para que permanezca sobre mí el poder de Cristo.

2 CORINTIOS 12:9

El hogar es el único lugar en todo el mundo donde
los corazones se sienten seguros el uno con el otro.
Es el lugar de seguridad. Es el lugar donde nos
quitamos las máscaras de protección y frialdad
fingida que el mundo nos obliga a ponernos para
defendernos...Es sencillamente un lugar de amor.
—Frederick W. Robertson

MI QUERIDA MADRE CON LA VERACIDAD DEL CORAZÓN

DE MADRE, MINISTRÓ A TODOS MIS DESACIERTOS,

EXTERNOS E INTERNOS, Y AÚN CONTRA CUALQUIER

ESPERANZA SE MANTUVO PROFETIZANDO LO BUENO.

—THOMAS CARLYLE

SEA fuerte y valiente

DIEZ DE LOS DOCE HEBREOS ENVIADOS por Moisés a espiar la tierra de Canaán y sus habitantes, regresaron y dijeron: "Es una tierra que fluye leche y miel, pero hay gigantes en la tierra. Moisés, *a nuestro parecer* éramos como langostas. Ellos son poderosos. Nunca los derrotaremos" (Números 13). Comparados a los gigantes, la imagen mental que ellos tenían de sí mismos era como de pequeñas e indefensas langostas. La guerra estaba perdida antes de que empezara.

Josué y Caleb tuvieron un informe completamente diferente. "Moisés, nosotros somos capaces de poseer esa tierra. Sí hay gigantes ahí, pero nuestro Dios es mucho más grande. Por Él, *nosotros somos sumamente capaces.* Vamos de una vez y poseamos la tierra". Enfrentándose a los mismo gigantes, Josué y Caleb le creyeron a Dios y rehusaron verse a sí mismos como langostas. Más bien, se vieron a sí mismos como hombres de Dios, dirigidos e investidos por Dios.

¡Qué tremenda verdad! Usted y yo somos gente "sumamente capaz". No porque seamos bien fuertes, sino porque nuestro Dios es bien fuerte. Él desea que usted sea una persona "yo puedo", alguien que está dispuesto, listo y "sumamente capaz" de hacer lo que Él ordena. A Dios le encanta usar gente común, como usted y como yo, con faltas y todo, para hacer cosas extraordinarias. No se enfoque en sus debilidades; enfóquese en su Dios.

Puede que, como madre, no sienta que es capaz de serlo en sus propias fuerzas, pero está bien. La palabra de Dios declara: "Mas a Dios gracias, el cual nos lleva siempre en triunfo en Cristo Jesús" (2 Corintios 2:14, rv60). Él espera que vivamos victoriosos. Él no se complace cuando vamos por ahí con una actitud de "pobre de mí". Cuando usted hace eso, está permitiendo que se forme una autoimagen de conceptos antibíblicos que son contrarios a las opiniones que Dios tiene de usted. Esa clase de autoimagen pobre la priva de ejercer los dones y la autoridad que Dios le ha dado, y la despojará de experimentar la vida abundante que su Padre celestial desea que tenga como madre.

Usted puede cambiar la imagen que tiene de sí misma. Comience poniéndose en acuerdo con Dios. Recuerde, Dios la ve como una mujer fuerte y valiente, como una mujer de gran honra y valor. Deje de poner excusas y empiece a caminar en fe, haciendo lo que Dios la ha llamado a hacer.

Manténgase caminando; manténgase creciendo. ¡Dios tiene mucho más en reserva para usted!

CONSIDERE LA PALABRA DE DIOS A LA LUZ DE LA MATERNIDAD

> "Si el SEÑOR se agrada de nosotros, nos hará entrar en
> ella. ¡Nos va a dar una tierra donde abundan la leche y
> la miel! Así que no se rebelen contra el SEÑOR ni tengan
> miedo de la gente que habita en esa tierra. ¡Ya son pan
> comido! No tienen quién los proteja, porque el SEÑOR
> está de parte nuestra. Así que, ¡no les tengan miedo!".

NÚMEROS 14:8-9

Nada

puede DETENER a una

[MADRE]

con la ACTITUD

mental CORRECTA.

—Thomas Jefferson

Al momento que el niño nace, la madre también nace.

Ella nunca antes existió. La mujer existió, pero la

madre, jamás. Una madre es algo absolutamente nuevo.

—Desconocido

SEA *original*

ATRÉVASE A SER FELIZ CON QUIEN es usted ahora. Muchos de los problemas sociales, físicos y emocionales surjen del hecho de que las personas no se quieren a ellos mismos. Les incomoda cómo lucen, cómo hablan, o cómo actúan. No les gusta su personalidad. Están siempre comparándose con otras personas, deseando haber sido alguien diferente. Usted no fue creada para parecerse a otra persona. Usted fue creada para ser usted misma. Puede ser feliz con la persona que Dios creó que usted sea, y deje de desear ser alguien diferente.

Si Dios hubiera querido que usted se pareciera a una mamá APF (Asociación de Padres de Familia) perfecta, Él la hubiera creado de esa manera. Si Dios hubiera querido que usted tuviera una personalidad diferente, Él le hubiera dado esa personalidad. Cuando usted va por ahí tratando de ser como otra persona, no solo está degradándose, sino que sabotea su singularidad.

Un factor importante de verse a sí misma como Dios la ve es entender su sentido intrínseco de valía. Su sentido de valía no puede ser basado en sus éxitos o fracasos, en cómo sus hijos la tratan, o en cuán popular usted es. No es algo que ganamos; de hecho, no podemos ganarlo. Dios forjó valor en nosotros al crearnos. Como su creación única, usted tiene algo que ofrecer a su familia y a este mundo que nadie más tiene, que nadie más puede tener. Su sentido de valía debe ser basado en el solo hecho de que usted es una hija del Dios Altísimo.

La Escritura dice que "somos hechura de Dios" (Efesios 2:10). La palabra *hechura* implica que usted es una "obra en progreso". A través de nuestras vidas, Dios está continuamente moldeándonos en la persona que Él desea que seamos. La clave para el éxito futuro es no ser desalentados por su pasado o el presente mientras usted está en el proceso de ser una obra "completa".

Dios no quiere hacer un grupo de clones. Él disfruta de la variedad, y usted no debe permitirle a la gente que la presionen o la hagan sentir mal de usted misma porque no se ajusta a la imagen que ellos quieren que usted sea. Sea original, no una copia. Tenga una imagen correcta de sí misma de quien Dios la creó, y salga y sea la mejor madre que pueda ser. Aun si todos la rechazan, recuerde, Dios está delante de usted con sus brazos bien abiertos. Aprenda a ser feliz como Dios la hizo.

CONSIDERE LA PALABRA DE DIOS A LA LUZ DE LA MATERNIDAD

Estoy convencido de esto: el que comenzó tan
buena obra en ustedes la irá perfeccionando
hasta el día de Cristo Jesús.

FILIPENSES 1:6

MI MADRE ES UNA MUJER QUE HABLA CON SU VIDA.

–KESAYA E. NODA

Usted se dará cuenta, cuando reflexiona sobre su vida, que los momentos en los cuales usted ha vivido realmente son los momentos cuando ha hecho cosas en un espíritu de amor.

—Henry Drummond

Conviértase EN LO QUE cree

HAY UN RELATO FASCINANTE SOBRE DOS hombres ciegos que escucharon que Jesús pasaba cerca de ellos, y la fe comenzó a germinar en sus corazones. Ellos habrían pensado: *No tenemos que quedarnos así. Hay esperanza para un mejor futuro.* Así que comenzaron a gritar: "¡Ten compasión de nosotros, Hijo de David!" (Mateo 9:27).

Cuando Jesús escuchó sus gritos, Él les planteó una pregunta intrigante: "¿Creen que puedo sanarlos?" (v. 28). Jesús quería saber si de verdad tenían una fe genuina. Los ciegos contestaron: "Sí, señor..., lo creemos" (NTV). Luego la Biblia dice que "[Jesús] les tocó los ojos, diciendo: «Se hará con ustedes conforme a su fe»" (v. 29). *¡Qué poderosa declaración de fe!*

Así que, ¿cuál es su fe? ¿Qué es lo que está creyendo? ¿Está creyendo que se sobrepone a los obstáculos, que su familia puede vivir en salud, abundancia, sanidad y victoria? Uno de los aspectos más importantes de vernos a nosotros mismos como Dios nos ve es desarrollar una mente próspera. Entienda, Dios ya la ha equipado con todo lo que necesita para vivir prósperamente y cumplir el destino que Dios le ha otorgado. Él plantó "semillas" dentro de usted llenas de posibilidades, potencial increíble, ideas creativas, y sueños. Pero usted tiene que comenzar a acceder a ellos. Tiene que creer, sin ninguna sombra de duda, que usted tiene lo que necesita.

Dios la creó para sobresalir, y Él le ha dado la habilidad, el conocimiento, el talento, la sabiduría y su poder sobrenatural para lograrlo. Usted no tiene que entender cómo Dios va a resolver sus problemas o cumplir su propósito. Esa es su responsabilidad. El trabajo suyo es creer. Lo que usted cree tiene un mayor impacto en su vida que lo que otra persona crea.

Por eso, la Biblia dice que "en todo esto somos más que vencedores por medio de aquel que nos amó" (Romanos 8:37). No dice que vamos a ser vencedores; dice que *ya* somos más que vencedores. Si usted comienza a actuar, hablar, verse a sí mismo como más que un vencedor, usted vivirá una vida próspera y victoriosa. Comience a verlo a través de los ojos de la fe. Usted puede estar viviendo en la pobreza en este momento, pero no permita que la pobreza viva en usted. La Biblia revela que Dios se complace en prosperar a sus hijos. Mientras sus hijos prosperan espiritual, física y materialmente, su aumento complace a Dios.

CONSIDERE LA PALABRA DE DIOS A LA LUZ DE LA MATERNIDAD

«Exaltado sea el SEÑOR, quien se deleita
en el bienestar de su siervo.»

SALMO 35:27

DESCUBRA EL PODER
de sus pensamientos y palabras

DETERMÍNESE A PENSAR EN LA REALIDAD

DE QUE DIOS ES UN DIOS QUE HACE MILAGROS.

¡COMIENCE A HABLARLE A SUS MONTAÑAS

SOBRE CUÁN GRANDE ES SU DIOS!

LA FELICIDAD DE UNA MADRE ES COMO UN FARO,

ILUMINANDO EL FUTURO, PERO SE REFLEJA TAMBIÉN

EN EL PASADO BAJO LA APARIENCIA DE BUENOS RECUERDOS.

—HONORÉ DE BALZAC

El éxito COMIENZA EN LA MENTE

Sea que usted esté consciente o no, una guerra feroz están librándose a su alrededor, y la batalla es por su mente. El objetivo principal del enemigo es el campo de sus pensamientos. Si él logra controlar lo que piensa, podrá controlar su vida entera. El rey Salomón lo puso de esta manera: "Porque cual es su pensamiento en su corazón, tal es él" (Proverbios 23:7).

Ciertamente, los pensamientos determinan las acciones, las actitudes y la imagen propia. Realmente, los pensamientos determinan el destino, por eso la Biblia nos advierte de guardar nuestros pensamientos. Así como el imán, podemos ser atraídos hacia aquello en lo cual pensamos constantemente. Si permanecemos en pensamientos depresivos o negativos, estaremos en depresión y negatividad. Si nuestros pensamientos son positivos, de felicidad y gozo, nuestra vida lo reflejará y atraerá a gente alegre y positiva. Nuestra vida es producto de nuestros pensamientos.

Y nuestros pensamientos también afectan nuestras emociones.

Nos sentiremos exactamente de la manera que pensamos. No puede esperar sentirse feliz a menos que albergue pensamientos de felicidad. En cambio, es imposible que esté desanimado a menos que albergue pensamientos desalentadores. Así que mucho del éxito y el fracaso en la vida comienza en nuestras mentes.

Para tener victoria en su mente, usted no puede quedarse de brazos cruzados y esperar que esa nueva persona de momento aparezca. Si usted no piensa que puede ser una madre exitosa con sus hijos, nunca lo será. Cuando tiene pensamientos de mediocridad, usted está destinada a vivir una vida promedio. Pero cuando usted alinea sus pensamientos a los pensamientos de Dios, y empieza a permanecer en las promesas de su Palabra, cuando usted permanece constantemente en pensamientos de su victoria y favor, será propulsada hacia la grandeza, inevitablemente obligada al aumento y las bendiciones sobrenaturales de Dios.

Cada día, al levantarse, fije su mente al éxito. Escoja permanecer en las promesas de la Palabra de Dios. Comience a ponerse de acuerdo con el salmista (Salmo 118:24, ntv): "Este es el día que hizo el Señor; me gozaré y me alegraré en él". Declare que será un día maravilloso para su familia. Magnifique a su Dios, y salga cada día esperando cosas buenas.

CONSIDERE LA PALABRA DE DIOS A LA LUZ DE LA MATERNIDAD

¡Tú guardarás en perfecta paz a todos los que confían en ti; a todos los que concentran en ti sus pensamientos!

ISAÍAS 26:3, ntv

A UNA PEQUEÑA NIÑA SE LE PREGUNTÓ
DÓNDE ESTABA SU CASA, A LO QUE
REPLICÓ: "DONDE ESTÁ MAMÁ".
—Keith L. Brooks

Al mirar a los ojos de mi madre sabría, como si Él
se lo dijera, para qué Dios la envió a este mundo;
fue para abrir las mentes de todos aquellos
que anhelaban pensamientos hermosos.
—Sir James M. Barrie

PIENSE SOBRE su
manera de pensar

LA VIDA ES DIFÍCIL, Y LAS demandas que recaen en las madres pueden ser abrumadoras. Todos hemos sido abatidos y desanimados en ocasiones, pero no necesitamos quedarnos así. Podemos escoger nuestros pensamientos. Nadie puede hacernos pensar de forma distinta. Si no es feliz, nadie la está forzando a ser infeliz. Si es negativa y tiene una mala actitud hacia su esposo y los hijos, nadie la está extorsionando para que sea sarcástica o taciturna. Usted decide qué albergará en su mente.

Simplemente por el hecho de que el enemigo plante un pensamiento negativo o desalentador en su cerebro no significa que lo va a nutrir y hacer crecer. Pero si lo hace, ese pensamiento afectará sus emociones, sus actitudes y, eventualmente, sus acciones. Estará mucho más propensa a desalentarse y deprimirse, y si continúa alimentando ese pensamiento negativo, le extraerá toda su energía y fuerza.

Así es como prácticamente trabaja. Es poco realista pretender que nada malo jamás nos puede pasar a nosotros y a nuestra familia. Hay cosas malas que le suceden a gente buena. Pretender no es la respuesta, ni ponerse a espiritualizar las cosas para hacerse muy espiritual. Si usted está enferma, admítalo, pero mantenga sus pensamientos en su sanador. Si su cuerpo está cansado, si su alma está agobiada, está bien; pero enfoque sus pensamientos en Aquel que ha prometido: "...los que confían en el SEÑOR encontrarán nuevas fuerzas" (Isaías 40:31, NTV).

Jesús dijo: "En el mundo tendréis aflicción; pero confiad, yo he vencido al mundo" (Juan 16:33, rv60). Él no estaba diciendo que los momentos de aflicción no vendrían; Él estaba diciendo que cuando vinieran, podemos escoger nuestras actitudes.

Debemos tomar responsabilidad sobre nuestros pensamientos y nuestras acciones. En la medida en que nos mantenemos poniendo excusas, echándole la culpa a nuestro árbol genealógico, nuestro ambiente, las relaciones pasadas con personas, nuestras circunstancias, y atribuyéndole la culpa a Dios, al diablo, a *cualquiera* o *cualquier cosa*, jamás seremos verdaderamente libres y saludables emocionalmente. En un sentido amplio, nosotros podemos controlar nuestros propios destinos.

No son sus circunstancias las que la tienen desalentada; sus pensamientos sobre sus circunstancias son los que la tienen así. Es posible que esté pasando por una de las batallas más grandes de su vida, y todavía estar llena de gozo, paz y victoria; simplemente si aprende a escoger los pensamientos correctos. Podemos escoger creer que Dios es más grande que nuestros problemas.

CONSIDERE LA PALABRA DE DIOS A LA LUZ DE LA MATERNIDAD

No se inquieten por nada; más bien, en toda
ocasión, con oración y ruego, presenten sus
peticiones a Dios y denle gracias. Y la paz de Dios,
que sobrepasa todo entendimiento, cuidará sus
corazones y sus pensamientos en Cristo Jesús.

FILIPENSES 4:6-7

MADRE, ESE ES EL BANCO DONDE DEPOSITAMOS

TODAS NUESTRAS HERIDAS Y ANSIEDADES.

—T. DEWITT TALMAGE

RECUERDO LAS ORACIONES DE MI MADRE,

Y ELLAS SIEMPRE ME HAN SEGUIDO.

TODA MI VIDA HAN SIDO PARTE DE MÍ.

—ABRAHAM LINCOLN

El poder DE SUS palabras

NUESTRAS PALABRAS TIENEN TREMENDO PODER y son similares a las semillas. Al hablarlas audiblemente, son plantadas en nuestra mente subconsciente, echando raíces, creciendo y produciendo fruto del mismo género. Sea que hablemos palabras positivas o negativas, vamos a cosechar exactamente lo que sembramos. Por eso es que necesitamos ser extremadamente cuidadosos sobre aquello que pensamos o decimos.

La Biblia compara la lengua al timón de un gran barco (Santiago 3:4). Aunque el timón sea pequeño, este controla la dirección del barco. De forma similar, su lengua controlará la dirección de su vida. Usted crea el ambiente para lo bueno o lo malo con sus palabras, y tendrá que vivir en ese mucho que ha creado. Si usted está siempre murmurando, quejándose y hablando de cuán malas están las cosas en su casa, va a vivir en un mundo muy miserable.

Sin embargo, Dios desea que usemos nuestras palabras para *cambiar* nuestras situaciones negativas. Mamá, en su boca está el milagro. Si desea cambiar su mundo, comience a cambiar sus palabras.

Me encanta lo que David hizo cuando se enfrentó al gigante Goliat. Él no se quejó y dijo: "Dios, ¿por qué siempre estoy en graves problemas?". No lo detuvo el hecho de que Goliat fuera un guerrero diestro y él era sólo un joven pastor de ovejas. En vez de enfocarse en la magnitud del obstáculo ante él, David miró directamente a los ojos de Goliat y cambió la atmósfera completa a través de las palabras que pronunció en alta voz. Él dijo: "Tú vienes contra mí con espada, lanza y jabalina, pero yo vengo a ti en el nombre del Señor Todopoderoso, el Dios de los ejércitos de Israel, a los que has desafiado" (1 Samuel 17:45).

Bueno, ¡esas son palabras de fe! Él no meramente las *pensó*, ni simplemente las *oró*. Él le habló directamente a la montaña de hombre que estaba frente a él, y le dijo: "Hoy mismo el Señor te entregará en mis manos; y yo te mataré y te cortaré la cabeza. Hoy mismo echaré los cadáveres del ejército filisteo a las aves del cielo y a las fieras del campo, y todo el mundo sabrá que hay un Dios en Israel" (v. 46). Y con la ayuda de Dios, ¡lo hizo!

La Biblia claramente nos dice cómo hablar a nuestras montañas. Quizás su montaña sea una enfermedad o una relación conflictiva con su esposo, o no tiene comunicación con ese hijo rebelde. Cualquiera que sea su montaña, usted debe hablarle a ese obstáculo. Comience a declararse a sí misma sana, feliz, completa, bendecida y próspera. Deje de decirle a Dios cuán grandes son sus montañas, y ¡comience a decirle a sus montañas cuán grande es su Dios! Dios es un Dios hacedor de milagros.

CONSIDERE LA PALABRA DE DIOS A LA LUZ DE LA MATERNIDAD

> Les aseguro que si alguno le dice a este monte: "Quítate de ahí y tírate al mar", creyendo, sin abrigar la menor duda de que lo que dice sucederá, lo obtendrá. Por eso les digo: Crean que ya han recibido todo lo que estén pidiendo en oración, y lo obtendrán.

MARCOS 11:23-24

EN LA LENGUA HAY PODER DE VIDA Y MUERTE;

QUIENES LA AMAN COMERÁN DE SU FRUTO.

—Proverbios 18:21

El ánimo es oxígeno para el alma.

—George Adams

HABLE palabras de fe

Nuestras palabras son vitales para que nuestros sueños se realicen. No es suficiente simplemente verlo por fe en nuestra imaginación. Tiene que comenzar a hablar palabras de fe sobre su vida y su familia. Sus palabras son un poder creativo enorme. Al momento que usted declare algo, lo ha dado a luz. Ese es un principio espiritual, y trabaja no importa que lo que esté diciendo sea positivo o negativo.

En ese sentido, muchas veces nosotros somos nuestro peor enemigo. Declaraciones tales como "Nunca me sucede nada bueno", evitarán literalmente que usted pueda salir adelante en la vida. Por eso es que usted necesita guardar su lengua y hablar solo palabras llenas de fe sobre su vida; palabras de victoria, salud y prosperidad sobre su vida. Este es uno de los principios más importantes que usted debe aferrarse siempre. Dicho de manera simple, sus palabras la pueden hacer tener éxito o fracasar.

Y sea que nos demos cuenta o no, nuestras palabras afectan el futuro de nuestros hijos, ya sea para bien o para mal. Necesitamos hablar palabras amorosas de aprobación y aceptación, palabras que animen, inspiren y motiven a los miembros de nuestra familia a alcanzar nuevas alturas. Cuando hacemos esto, hablamos bendiciones a sus vidas, con palabras que cargan una autoridad espiritual, como la bendición patriarcal del Antiguo Testamento, sobre sus hijos (Génesis 27:1-41). Hablamos palabras de abundancia y aumento, declarando el favor de Dios sobre sus vidas.

Pero muy a menudo, somos severos con nuestros hijos y les señalamos sus faltas. Nuestras palabras negativas causarán que nuestros hijos pierdan el sentido de valía que Dios ha puesto en ellos y pueden permitirle al enemigo traer toda clase de inseguridad e inferioridad en sus vidas.

¿Qué legado está dejándole a sus hijos? No es suficiente pensarlo, debe verbalizarlo. Una bendición no es una bendición hasta que se dice. Sus hijos necesitan escucharla decir palabras tales como: "Te amo. Creo en ti. Eres un ser maravilloso. No hay nadie como tú". Ellos necesitan escuchar su aprobación. Ellos necesitan sentir su amor. Ellos necesitan su bendición.

Use sus palabras para hablar bendición sobre las personas. Bendiga a su esposo con sus palabras. Usted puede ayudar a guiar a sus hijos con palabras positivas. Hable palabras que animen, inspiren y motiven. ¡Comience hablar esas bendiciones hoy!

CONSIDERE LA PALABRA DE DIOS A LA LUZ DE LA MATERNIDAD

De una misma boca salen bendición y maldición.
Hermanos míos, esto no debe ser así.

SANTIAGO 3:10

DEJE ATRÁS
el pasado

Es hora de que le permita a sus heridas emocionales sanar.

No permita más excusas,

y deje de sentirse apenada consigo misma.

Es hora de que se deshaga de su mentalidad de víctima.

QUIEN ESTÁ LLENO DE AMOR ESTÁ LLENO DE DIOS MISMO.

—SAN AGUSTÍN

DÉJELO *ir*

No sea prisionera del pasado. Algunas personas están siempre viviendo en sus decepciones. Ellas no pueden entender por qué sus oraciones no han sido contestadas, por qué sus seres queridos nos son sanados, por qué son maltratados. Algunas personas han vivido tanto tiempo en autocompasión que eso se ha convertido en parte de su identidad. No se dan cuenta que Dios desea restaurar lo que les ha sido quitado.

Todos nosotros hemos experimentado cosas negativas en nuestras vidas. Puede que usted haya vivido cosas que nadie se merece vivirlas: abuso físico, verbal, sexual o emocional. Quizás ha estado batallando con una enfermedad crónica o un problema físico irreparable. Quizás sus sueños para su matrimonio o para su hijo no se han hecho realidad. No es que quiero minimizar esas experiencias difíciles, pero si usted quiere vivir en victoria, no puede permitir que su pasado dañe su futuro.

Es tiempo de permitir que las heridas emocionales sanen, dejar de poner excusas y parar de sentir lástima consigo misma. Es tiempo de deshacerse de su mentalidad de víctima. Nadie, ni aun Dios, jamás prometió que la vida sería justa. No siga comparando su vida con la de otra persona, y desista de permanecer en lo que pudo o debió haber sido. Deje de estarse haciendo preguntas como "¿por qué esto?", o "¿por aquello?", o "¿por qué a mí?". Deje ir esas heridas y esos dolores. Perdone a las personas que le hicieron mal. Perdónese a usted misma por los errores que ha cometido.

Si usted no está dispuesta a dejar ir lo viejo, no espere que Dios haga lo nuevo. Si le han sucedido algunas cosas injustas, tome la decisión de dejar de revivir esas cosas en su memoria. El permanecer constantemente en todas las negatividades y enfocarse en los errores que ha cometido solo perpetúa el problema. Usted nunca será verdaderamente feliz mientras albergue amargura en su corazón. Mejor piense en cosas buenas, cosas que la animarán y no que la desanimen, cosas que la estimulen y le den esperanza.

Si desea ir adelante en la vida, debe dejar de mirar hacia atrás. Puede que sea necesario que perdone a Dios. Quizás lo ha culpado por llevarse a algún ser querido. Si usted no trata con eso, se sumirá en la autocompasión. Debe dejar ir aquellas actitudes negativas y la ira que las acompañan. Déjelo ir. Hoy puede ser un nuevo comienzo.

CONSIDERE LA PALABRA DE DIOS A LA LUZ DE LA MATERNIDAD

"Vengan a mí todos ustedes que están cansados
y agobiados, y yo les daré descanso".

MATEO 11:28

ALGUNOS DE USTEDES RECONSTRUIRÁN LAS RUINAS

DESOLADAS DE SUS CIUDADES.

ENTONCES SERÁN CONOCIDOS COMO RECONSTRUCTORES

DE MUROS Y RESTAURADORES DE CASAS.

—ISAÍAS 58:12, NTV

SI TENEMOS CUIDADO DE LOS MOMENTOS,

LOS AÑOS TENDRÁN CUIDADO DE ELLOS MISMOS.

—MARIA EDGEWORTH

LEVÁNTESE Y *camine*

UN HOMBRE EN JERUSALÉN HABÍA ESTADO paralítico por treinta y ocho años. Todos los días permanecía acostado cerca del pozo de Betesda, esperando por un milagro (Juan 5). Este hombre tenía un trastorno bien profundo y prolongado similar al de muchas personas hoy en día. Sus padecimientos pueden que no sean físicos; pueden ser emocionales, pero, no obstante, son trastornos bien profundos y prolongados. Pueden deberse a la falta de perdón o de aferrarse a resentimientos del pasado, y ellos afectan su personalidad, sus relaciones y su imagen propia. Algunas personas se quedan de brazos cruzados por años, esperando que suceda un milagro que mejore las cosas.

Cuando Jesús vio al hombre tendido allí, Él le hizo una pregunta sencilla y directa: "¿Quieres quedar sano?". La respuesta del hombre fue interesante. Comenzó a darle una lista de todas sus excusas. "Estoy completamente solo. No tengo a nadie que me ayude". ¿Le extraña por qué no había sido sanado?

Jesús lo miró y le dijo, en efecto: "Si de verdad quieres ser sano, si quieres salir de esta situación, levántate, recoge tu camilla, y anda". Cuando el hombre hizo lo que Jesús le dijo, ¡fue sanado milagrosamente!

Si de verdad usted desea estar sana, no puede estar tirada

en el suelo sintiendo lástima de sí misma. No desperdicie otro minuto tratando de entender por qué ciertas cosas malas le suceden a usted y a sus seres queridos. Quizás nunca sepa la respuesta. Pero no use eso como una excusa para sumirse en la autocompasión. No le haga caso, levántese y siga adelante con su vida. Confíe en Dios y acepte el hecho de que habrá ciertas preguntas sin contestar. Solo porque no conoce la respuesta no significa que no hay una.

Cada uno de nosotros debe tener un archivo que yo lo llamo "No lo entiendo". Cuando algo surje que no tiene una respuesta razonable, en lugar de quedarse en el "porqué", simplemente póngala en el archivo y no se resienta. Confíe en Dios, levántese, deshágase de cualquier atadura emocional en la cual ha vivido, y camine hacia el futuro grandioso que Dios tiene para usted. Si usted se mantiene en una actitud de fe y victoria, Dios ha prometido que Él revertirá todas esas heridas emocionales. Él las usará a su favor, y usted saldrá mucho mejor de lo que hubiera salido sin ellas.

CONSIDERE LA PALABRA DE DIOS A LA LUZ DE LA MATERNIDAD

… despojémonos del lastre que nos estorba, en
especial del pecado que nos asedia, y corramos con
perseverancia la carrera que tenemos por delante.

HEBREOS 12:1

La vida es corta y nunca tenemos tiempo suficiente para alegrar los corazones de aquellos que viajan por el camino con nosotros. ¡Sea rápida para amar! Dese prisa para ser amable.

—Henri Federico Amiel

"Porque si perdonan a otros sus ofensas,

también los perdonará a ustedes su Padre celestial.

Pero si no perdonan a otros sus ofensas,

tampoco su Padre les perdonará a ustedes las suyas".

–Mateo 6:14-15

Perdone para que SEA LIBRE

Muchas personas están tratando de mejorar sus vidas lidiando con aspectos externos. Ellos atentan rectificar sus malos hábitos, malas actitudes, malos temperamentos, o personalidades groseras y negativas. Tratar de cambiar el fruto de lo que han sembrado por años es noble, pero a menos que vayan a la raíz, jamás podrán cambiar el fruto; los problemas persistirán. Puede que usted pueda controlar su conducta o mantener una buena actitud por un tiempo, pero no podrá ser libre.

Tiene que ir mucho más profundo. Muchas personas tienden a enterrar sus heridas y dolores en sus corazones o en el subconsciente de sus mentes. No se dan cuenta, pero su agitación interna se debe más a que su propio corazón está envenenado. La Biblia dice: "Por sobre todas las cosas cuida tu corazón, porque de él mana la vida" (Proverbios 4:23). En otras palabras, si guardamos resentimientos, eso contaminará nuestras personalidades y nuestras actitudes, así también la manera en cómo tratamos a nuestros hijos y esposos.

Si usted desea vivir su mejor vida ahora, debe ser pronta en perdonar. Necesita perdonar para que pueda ser libre, sin ataduras, y feliz. Cuando perdonamos, no lo estamos haciendo solo por la otra persona, lo hacemos para nuestro propio bienestar.

Cuando nos mantenemos sin perdonar y vivimos resentidos, todo lo que estamos haciendo es construyendo murallas de separación. Pensamos que es para protegernos a nosotros mismos, pero no es así. Estamos simplemente dejando a otras personas fuera de nuestras vidas. Nos volvemos aislados, solitarios, encorvados y prisioneros en nuestra propia amargura, y esto puede suceder en nuestro propio círculo familiar.

¿Se da cuenta de que esas murallas además no permiten que las bendiciones de Dios se derramen en nuestras vidas? Esas murallas pueden detener el flujo del favor de Dios en su vida e impedir que sus oraciones sean contestadas. Ellas no permiten que sus sueños se hagan realidad. Debe derrumbarlas. Debe perdonar a las personas que la hirieron paa que así pueda salir de su prisión. Nunca podrá ser libre hasta que lo haga. Deshágase de todo lo malo que le han hecho. Saque de su vida el resentimiento. Es la única manera de que sea verdaderamente libre.

Puede experimentar una genuina sanidad física y emocional mientras busca en su corazón y está dispuesta a perdonar. Podrá ver el favor de Dios de una manera nueva y fresca. Se asombrará de lo que puede pasar cuando comienza a liberar todo ese veneno.

Considere la palabra de Dios a la luz de la maternidad

Asegúrense de que nadie deje de alcanzar la
gracia de Dios; de que ninguna raíz amarga brote
y cause dificultades y corrompa a muchos;

HEBREOS 12:15

EL CORAZÓN DE UNA MADRE ES UN PROFUNDO ABISMO

EN CUYO FONDO SIEMPRE ENCONTRARÁS PERDÓN.

—Honoré de Balzac

QUIERO SER COMO TÚ, UN JARDÍN BIEN REGADO

EN DONDE LA FRAGANCIA HAGA QUE TODOS A SU

ALREDEDOR PUEDAN RESPIRAR…PROFUNDAMENTE.

—KIMBER ANNIE ENGSTROM

SIGA adelante

UNA DE LAS CLAVES MÁS IMPORTANTES para seguir adelante hacia el futuro grandioso que Dios tiene para usted es aprender a cómo sobreponerse a las decepciones de la vida. Ya que las decepciones pueden generar obstáculos formidables para dejar ir el pasado, usted necesita estar segura que ha lidiado con esta área antes de tomar el próximo paso para vivir a su máximo potencial.

A menudo, vencer las decepciones y dejar ir el pasado son las dos caras de una misma moneda, especialmente cuando usted está decepcionada consigo misma. Cuando usted hace algo mal, no lo retenga ni se castigue a sí misma por ello. Admita el error, busque el perdón, y siga adelante. Apresúrese a deshacerse de sus faltas y errores, dolores, heridas y pecados.

Que su hijo le mienta, que su marido la traicione, que un ser querido la rechace; ciertamente, esos tipos de pérdidas dejan cicatrices imborrables, causando que usted quiera aferrarse a su dolor. Lo lógico sería que usted buscara vengarse. Algunas personas quizás la animen a que lo haga.

Pero ese no es el plan de Dios para su vida. Dios ha prometido que si usted pone su confianza en que Él le hará justicia, Él le recompensará por todas aquellas injusticias que le han sucedido en la vida (Isaías 61:7-9). Eso significa que usted no tiene que ir buscando pagarle a cada uno por las cosas malas que ellos le han hecho. Dios es su defensor. Deje que Él pelee sus batallas. Ponga sus asuntos en las manos de Él y deje que Él obre a su manera.

Cuando usted sufre una pérdida, nadie espera que se comporte como una roca impenetrable. Cuando experimentamos una falta o pérdida, es natural que nos sintamos arrepentidos o apenados. Esa es la manera como Dios nos creó. Pero usted debe tomar la decisión de que seguirá adelante en la vida. No sucede automáticamente. Tendrá que levantarse y decir: "No importa lo difícil que es esto, yo no voy a dejar que esto me robe lo mejor de mí".

No viva apesadumbrada o arrepentida o apenada. Todo esto solo interfiere con su fe. La fe siempre debe ser una realidad presente, no distante en la memoria. Dios revertirá esas decepciones. Él tomará sus cicatrices y las convertirá en estrellas para su gloria.

CONSIDERE LA PALABRA DE DIOS A LA LUZ DE LA MATERNIDAD

No tomen venganza, hermanos míos, sino dejen el castigo en las manos de Dios, porque está escrito: «Mía es la venganza; yo pagaré», dice el Señor.

ROMANOS 12:19

MANTÉNGASE FIRME

contra la adversidad

DIOS TIENE UN PROPÓSITO DIVINO

PARA CADA DESAFÍO

QUE LLEGA A NUESTRAS VIDAS.

LAS PRUEBAS EXAMINAN NUESTRO CARÁCTER

Y AYUDAN A FORMAR NUESTRA FE.

¿En qué piensa usted cuando piensa en el amor?

El amor de una madre, el amor de los hijos,

los cuales son tan hermosos, tan fuertes, tan dichosos.

–Kim Phuc

Levántese EN SU INTERIOR

VIVIR SU MEJOR VIDA AHORA, EN ocasiones, es francamente difícil. Muchos de nosotros nos rendimos fácilmente cuando las cosas no salen como queremos o enfrentamos adversidad. En vez de perseverar, nos ponemos fuera de forma. En poco tiempo estamos desanimados y descorazonados, lo cual se entiende, especialmente cuando lidiamos con un problema familiar or una debilidad por algún tiempo. Finalmente, nos conformamos.

Pero tenemos que ser más determinados que eso. Nuestras circunstancias en la vida pueden ocasionalmente tumbarnos, pero no debemos quedarnos derrotados. Aun cuando no pueda levantarse para ver lo externo, levántese en su interior. Asuma una actitud y mentalidad de victoria. Manténgase con una actitud de fe.

Para vivir su mejor vida ahora, usted debe actuar con su voluntad, no simplemente con sus emociones. Muchas veces eso significa que tiene que tomar pasos de fe aun cuando está herida, apesadumbrada, o todavía vacilante ante el ataque del enemigo. Antes de que David fuera el rey de Israel, él y sus hombres regresaron a casa para encontrar que habían quemado sus casas, habían saqueado sus posesiones, y se habían llevado cautivos a sus mujeres e hijos. En lugar de quedarse con los brazos cruzados, devastado y apenado por lo que habían perdido, David se fortaleció en el Señor y convenció a sus hombres de atacar al enemigo (1 Samuel 30:6). Mientras ellos perseveraron, Dios sobrenaturalmente los ayudó a recuperar todo lo que les habían robado.

Usted puede quedarse de brazos cruzados esperando en Dios para que cambie la conducta de su esposo o la actitud de su hijo. *Entonces* usted será feliz; *entonces* usted tendrá una buena actitud; *entonces* le dará alabanzas a Dios. Sin embargo, Dios está esperando que usted se levante en su interior como David lo hizo. Esto requiere valor; definitivamente requiere determinación, pero usted lo puede lograr si se decide a hacerlo.

Desarrolle una mentalidad de victoria y observe lo que Dios comienza a hacer. Con determinación en su rostro, diga: "Dios, puede que no entienda esto, pero yo sé que tú estás en control. Y tú dijiste que todas las cosas obran para mi bien. Tú dijiste que tomarías esta situación mala y la tornarías y usarías a mi favor. Así que, Padre, ¡te doy gracias porque tú me sacarás de esto!". No importa lo que esté enfrentando en la vida, si usted sabe cómo levantarse en su interior, las adversidades no la mantendrán abatida.

CONSIDERE LA PALABRA DE DIOS A LA LUZ DE LA MATERNIDAD

Por lo tanto, pónganse toda la armadura de
Dios, para que cuando llegue el día malo
puedan resistir hasta el fin con firmeza.

EFESIOS 6:13

EL AMOR NUNCA SE DA POR VENCIDO,

JAMÁS PIERDE LA FE, SIEMPRE TIENE ESPERANZAS

Y SE MANTIENE FIRME EN TODA CIRCUNSTANCIA.

—1 CORINTIOS 13:7, NTV

El espectáculo más glorioso que jamás alguien haya visto bajo las estrellas es el espectáculo de una maternidad digna.

–George W. Truett

CONFÍE en el tiempo de Dios

CUANDO LAS PERSONAS ENFRENTAN ADVERSIDAD, ELLOS permiten que la duda nuble su determinación, por consiguiente, su fe se debilita. Ellos no mantienen una buena actitud. Pero la vida es tan corta como para lidiar con ella estando deprimida y derrotada. No importa lo que haya venido contra usted, o lo que esté causando que resbale y caiga, no importa quién o qué está tratando de vencerla, usted necesita seguir levantándose en su interior y aprender a ser feliz.

La ciencia médica nos dice que las personas con un espíritu de lucha y determinación se recuperan más rápido que aquellas que tienden a ser negativas y desalentadoras. Eso es porque Dios nos creó para que seamos determinados, no para que vivamos en depresión y derrota. Una persona negativa drena su energía, debilita su sistema inmune. Muchas personas viven con males físicos y ataduras emocionales debido a que no se levantan en su interior.

Es nuestra naturaleza querer que las cosas se hagan ya. Cuando oramos para que nuestros sueños se cumplan o para que la adversidad cese, queremos respuestas de inmediato. Pero tenemos que entender que Dios tiene un tiempo determinado para contestar nuestras oraciones. Y la verdad es que no importa cuán rápido deseamos tener la respuesta, Él no va a cambiar su tiempo señalado.

Cuando no entendemos el tiempo de Dios, vivimos molestos y frustrados, preguntándonos cuándo Dios va a hacer algo. Pero cuando usted entiende el tiempo de Dios, no vive toda estresada. Puede descansar sabiendo que Dios está en control de usted y su familia, y que en el "tiempo señalado" Él va a responder. Puede ser que sea la próxima semana, el próximo año, o de aquí a diez años. Pero cuando sea, puede tener la seguridad de que será en el tiempo de Dios.

Dios no es como una máquina de sacar dinero a toda hora, donde usted pulsa los códigos correctos de oración y recibe lo que pidió dentro de 24 horas. No, todos tenemos que esperar y aprender a confiar en Dios. La clave es, ¿vamos a esperar con una buena actitud y expectativa, sabiendo que Dios está obrando sea que veamos suceder algo o no? Necesitamos entender que detrás del escenario, Dios está poniendo todas las piezas juntas. Y que un día, en el tiempo señalado, usted verá la culminación de todo lo que Dios ha estado haciendo. A menudo, Dios trabaja más cuando menos lo vemos o sentimos.

CONSIDERE LA PALABRA DE DIOS A LA LUZ DE LA MATERNIDAD

Pues la visión se realizará en el tiempo señalado; marcha
hacia su cumplimiento, y no dejará de cumplirse.
Aunque parezca tardar, espérala; porque sin falta vendrá.

HABACUC 2:3

El corazón de una madre es el salón escolar de un hijo.

—Henry Ward Beecher

"Porque mis pensamientos no son vuestros

pensamientos, ni vuestros caminos mis caminos, dijo

Jehová. Como son más altos los cielos que la tierra,

así son mis caminos más altos que vuestros caminos,

y mis pensamientos más que vuestros pensamientos".

—Isaías 55:8-9, rv60

SIEMPRE contenta

DAVID TENÍA UN GRAN SUEÑO PARA su vida. Tenía el deseo de hacer la diferencia, pero siendo joven estuvo muchos años como pastor, cuidando las ovejas de su padre. Estoy seguro que hubo momentos en donde él habría pensado: *Dios, ¿qué estoy haciendo aquí? No hay futuro aquí. ¿Cuándo vas a cambiar esta situación?* Pero David entendió el tiempo de Dios. Él sabía que si era fiel en la oscuridad, Dios lo promovería en el tiempo oportuno. Él sabía que Dios cumpliría sus sueños en la temporada correcta.

Usted conoce la historia. Dios sacó a David de esos campos, él derrotó a Goliat, y eventualmente llegó a ser el rey de Israel.

Quizás usted tiene un gran sueño en su corazón, el sueño de tener un mejor matrimonio, de tener su propio negocio, de ayudar a gente herida, pero como David, humanamente no puede ver cómo ese sueño se puede cumplir.

No siempre entendemos los métodos que Dios usa. Sus

caminos no siempre nos hacen sentido a nosotros, pero tenemos que darnos cuenta de que Dios ve el panorama completo. Dios no está limitado a la manera natural y humana de hacer las cosas. Considere esto: Puede que usted esté lista para lo que Dios tiene para usted, pero su hijo, quien va a estar involucrado, no está listo todavía. Dios tiene que obrar en su hijo o en otra situación antes de que su oración pueda ser contestada de acuerdo a la voluntad de Dios para su vida. Todas las piezas tienen que estar unidas para que sea el tiempo perfecto de Dios.

Pero nunca tenga temor; Dios está alineando todas las cosas en su vida. Puede que usted no lo sienta; puede que no lo vea. Su situación puede parecerse a la misma de hace diez años, pero luego un día, en una fracción de segundos, Dios pondrá todas las piezas juntas. Cuando sea el tiempo de Dios, ninguna fuerza de las tinieblas lo podrá detener. Cuando sea su tiempo, Dios lo cumplirá.

No se impaciente ni trate de forzar las puertas para que se abran. No trate de hacer que las cosas pasen en sus propias fuerzas. El contentamiento comienza en su actitud. La respuesta vendrá, y será en el tiempo correcto. Él hará que sus sueños se cumplan. ¡Descanse en Él! Deje que Dios lo haga a su manera.

CONSIDERE LA PALABRA DE DIOS A LA LUZ DE LA MATERNIDAD

Mas yo en ti confío, oh Jehová; Digo: Tú eres mi Dios.
En tu mano están mis tiempos.

SALMO 31:14-15 RV60

para las madres

MI MADRE TENÍA UN CUERPO DELGADO Y MENUDO,

PERO UN GRAN CORAZÓN, UN CORAZÓN TAN

GRANDE QUE LAS PENAS DE TODO EL MUNDO Y LAS

ALEGRÍAS DE TODOS ENCONTRABAN ALLÍ ACOGIDA.

—MARK TWAIN

Pruebas de fe

Cuando la adversidad toca a la puerta o las calamidades suceden en su círculo familiar, algunas madres inmediatamente piensan que han hecho algo malo, que Dios seguramente las está castigando. Ellas no entienden que Dios tiene un propósito divino para cada desafío que llega a sus vidas. Él no envía los problemas, pero a veces Él permite que nosotros atravesemos por ellos.

¿Por qué? La Biblia dice que deberán venir tentaciones, pruebas y dificultades, porque si vamos a fortalecer nuestros músculos espirituales y crecer fuertes, debemos vencer las adversidades y resistir los ataques. Las pruebas intentan examinar nuestro carácter, probar nuestra fe. Si usted aprende a cooperar con Dios y estar presta a cambiar y corregir aquellas áreas que Él les revela, entonces pasará el examen y será promovida a un nuevo nivel.

En la Biblia, leemos acerca de Job, un buen hombre que amaba a Dios y tenía un corazón correcto. Sin embargo, en pocas semanas, perdió su negocio, sus rebaños y ganados, su familia y su salud. Las cosas no podían irle peor a Job, y estoy seguro que fue tentado a sentir amargura en su corazón. Su propia esposa le dijo: "Maldice a Dios y muérete".

Pero no, Job sabía que Dios es un Dios de restauración. Él sabía que Dios podía revertir cualquier situación. Y su actitud era: *Aun si yo muriera voy a morir confiando en Dios. Moriré creyendo que hay algo mejor.* La fe prolongada es la que sostuvo a Job durante esas noches oscuras del alma cuando no sabía a dónde ir o qué hacer...pero debido a su fe en Dios, lo pudo lograr. Y cuando todo fue dicho y hecho, Dios no sólo revirtió la calamidad de Job, sino que Él sacó a Job con el doble de lo que antes había tenido.

A menudo, Dios permite que usted pase por situaciones difíciles para sacar de usted aquellas impurezas en su carácter. Puede orar y resistirlo, pero no le va a hacer ningún bien. Dios está más interesado en cambiarla que en Él cambiar las circunstancias. Puede que no siempre le guste; puede que quiera salir corriendo; puede aun resistirlo, pero Dios va a seguir trayendo el asunto una y otra vez hasta que pase la prueba. La fe le dice que lo mejor está por venir.

CONSIDERE LA PALABRA DE DIOS A LA LUZ DE LA MATERNIDAD

Amados, no os sorprendáis del fuego de prueba que os ha sobrevenido, como si alguna cosa extraña os aconteciese.

1 PEDRO 4:12, RV60

VIVA

para dar

Dios es un dador,

y si desea que Él derrame

su bendición y favor en su vida,

entonces debe aprender a ser

un dador y no un tomador.

No puedo olvidar a mi madre. Ella es mi puente.

Cuando tenía que cruzar al otro lado, ella misma

se sujetaba el tiempo necesario para que yo pasara segura.

—Renita Weems

MADRES QUE NO SON
"llaneras solitarias"

EN ESTE TIEMPO, MUCHAS PERSONAS VIVEN para ellas mismas abierta y descaradamente. La sociedad nos enseña que busquemos ser el número uno. "¿Qué hay para mí?". Fácilmente podemos reconocer esto como la generación "yo-yo", y ese mismo narcisismo, muchas veces, se desplaza a nuestra relación con Dios, nuestras familias, y del uno al otro. Irónicamente, esta actitud egoísta nos condena a vivir vidas frívolas y poco productivas. No importa cuánto adquiramos para nosotros, nunca estamos satisfechos.

Uno de los mayores desafíos que enfrentamos en nuestra misión de disfrutar nuestra mejor vida ahora es la tentación de vivir egoístamente. Porque creemos que Dios desea lo mejor para nosotros, y que Él desea prosperarnos, es fácil caer en la sutil trampa del egoísmo. No solo evitará esa trampa, sino que tendrá más gozo del que posiblemente soñó cuando vive para dar, el cual es el sexto paso para vivir a su máximo potencial.

Dios es un dador, y si usted desea experimentar un nuevo nivel del gozo de Dios, si quiere que Él derrame su bendición y favor en su vida, entonces debe aprender a ser un dador y no un tomador. No fuimos creados para funcionar como gente egocéntrica, pensando solo en nosotros. No, Dios nos creó para ser dadores. Y usted nunca podrá ser verdaderamente realizada como ser humano hasta que aprenda el sencillo secreto de cómo dar su vida.

El principio espiritual es que cuando alcanzamos a otras personas en necesidad, Dios se asegurará de suplir sus propias necesidades. Si desea que sus sueños se cumplan, ayude a alguien a cumplir el suyo. Si usted está desalentada y desanimada, no piense en usted y vaya y atienda la necesidad de su hijo. Siembre la semilla que le traerá una cosecha.

Quizás usted siente que no tiene nada para dar. ¡Claro que sí! Puede dar una sonrisa o un abrazo. Puede hacer alguna tarea insignificante pero muy importante para alguien que necesita ayuda. Puede visitar a alguien en el hospital o hacer una comida para una persona que está confinada. Puede escribir una carta alentadora a alguien. Su hijo necesita lo que usted tenga para compartir. Su esposo necesita su amor y amistad. Dios nos creó para ser libres, pero Él no nos creó para funcionar como madres "llaneras solitarias". Nos necesitamos el uno al otro.

CONSIDERE LA PALABRA DE DIOS A LA LUZ DE LA MATERNIDAD

...y recordar las palabras del Señor Jesús, que
dijo: Más bienaventurado es dar que recibir.

HECHOS 20:35

LA ÚNICA COSA QUE NUNCA DAMOS SUFICIENTE ES EL AMOR.

–HENRY MILLER

LOS ÁNGELES, SUSURRANDO ENTRE SÍ, PUEDEN ENCONTRAR

ENTRE SUS ARDIENTES TÉRMINOS DE AMOR NINGUNO

TAN DEVOTO COMO EL DE LA MADRE.

—EDGAR ALLAN POE

VIVA en amor

Si alguien tuviera el derecho de devolver mal en lugar de amor, era José. Sus hermanos lo odiaban tanto que se propusieron matarlo, pero luego lo vendieron como esclavo. Pasaron los años, y José experimentó todo tipo de problemas y dolores de cabezas. Pero Jose mantuvo una buena actitud, y Dios siguió bendiciéndolo. Luego de pasar trece años en prisión por un crimen que no cometió, Dios sobrenaturalmente lo promovió a ser el segundo de la más alta posición en Egipto.

Cuando los hermanos de José llegaron a Egipto y repentinamente se dieron cuenta de que sus vidas estaban a merced de José, ¿podría imaginarse el temor que invadió sus corazones? Esta era la oportunidad de José para vengarse de ellos. Sin embargo, José les extendió misericordia. ¿Le extraña que él fuera tan bendecido con el favor de Dios? José sabía cómo tratar bien a las personas.

Como usted trate a los demás puede tener un gran impacto en el grado de bendiciones y el favor de Dios que experimentará en su vida. Puede que tenga hijos que le han hecho un gran daño. Puede que sienta como que alguien le ha robado su vida entera. Pero si usted escoge perdonarlos, va a poder vencer el mal con bien. Va a llegar a un punto donde podrá mirar a las personas que la hirieron y devolverles el bien por mal. Si hace eso, Dios derramará su favor en su vida de una manera nueva. Él la honrará, Él la recompensará, y Él hará que lo malo sirva para bien.

La Biblia dice que debemos esforzarnos "siempre por hacer el bien" (1 Tesalonicenses 5:15). Debemos ser proactivos. Debemos estar alertas para compartir su misericordia, amabilidad y bondad con las personas. Y además, necesitamos ser generosos y hacer el bien a aquellos que aun no son amables con nosotros, incluyendo a nuestros hijos. Lo último que ellos necesitan es que usted responda airadamente.

Manténgase en el camino del éxito y sea amable y cortés. Camine en amor y con una buena actitud. Dios ve lo que está haciendo, y Él es su defensor. Él se asegurará de que sus buenas acciones y actitud vencerán el mal. Si se mantiene haciendo lo correcto, llegará mucho más lejos de donde habría estado si hubiera peleado fuego con fuego. Dios desea que su pueblo ayude a sanar los corazones heridos.

CONSIDERE LA PALABRA DE DIOS A LA LUZ DE LA MATERNIDAD

[El amor] no se comporta con rudeza, no es egoísta,
no se enoja fácilmente, no guarda rencor.

1 CORINTIOS 13:5

"Es verdad que ustedes pensaron hacerme mal, pero Dios transformó ese mal en bien para lograr lo que hoy estamos viendo: salvar la vida de mucha gente".

—Génesis 50:20

Una madre es alguien que sueña por ti,

pero luego permite que persigas los sueños

que anhelas para ti, y te ama igual.

—Desconocido

MANTENGA abierto su corazón

DONDEQUIERA QUE USTED VA EN ESTE tiempo hay gente herida y desalentada; muchos tienen sueños destruidos. Han cometido errores; sus vidas son un desastre. Ellos necesitan sentir la compasión de Dios y su amor incondicional. Ellos no necesitan a alguien que los juzgue o critique. Ellos necesitan a alguien que les traiga esperanza, les brinde sanidad, les muestre la misericordia de Dios. Realmente, están buscando a un amigo, alguien que esté ahí para animarlos, que tomen el tiempo para escuchar su historia y los quieran genuinamente.

Nuestro mundo está clamando por gente compasiva, gente que ame incondicionalmente, gente que tome el tiempo para ayudar. Ciertamente, cuando Dios nos creó, Él puso su amor sobrenatural en nuestros corazones. Él colocó en usted el potencial para ser bondadosa, cariñosa, gentil y de un espíritu amoroso. Porque fue creada a la imagen de Dios, usted tiene la capacidad moral para experimentar la compasión de Dios en su corazón.

Si usted estudia la vida de Jesús, descubrirá que Él siempre tomó tiempo para estar con la gente. Nunca estuvo demasiado ocupado con su propia agenda, con sus propios planes. Nunca estuvo inmerso en sí mismo como para no estar dispuesto a detenerse y ayudar a una persona en necesidad. Él pudo fácilmente decir: "Escuchen, estoy ocupado. Tengo una agenda que cumplir". Pero no, Jesús tuvo compasión por la gente. Él estaba al tanto de lo que les sucedía a ellos, y voluntariamente tomó tiempo para satisfacer sus necesidades. Él ofreció su vida gratuitamente.

Si usted desea vivir su mejor vida ahora, debe asegurarse de mantener su corazón compasivo abierto. Necesitamos estar dispuestos a ser interrumpidos e incomodados si eso significa que podemos ayudar a satisfacer las necesidades de nuestros hijos. A veces, si tomáramos el tiempo para escuchar a nuestros hijos, podríamos ayudar a iniciar un proceso de sanidad en la vida de ellos. Si usted pudiera abrir su corazón compasivo, sin juzgar o condenar, y simplemente prestar su oído para escuchar, tendrá la oportunidad de hacer la diferencia en la vida de su hijo o hija.

Aprenda a seguir el fluir del amor incondicional de Dios. No lo ignore. Póngalo en acción. Su hijo necesita lo que usted tiene.

CONSIDERE LA PALABRA DE DIOS A LA LUZ DE LA MATERNIDAD

Si alguien...ve que su hermano está pasando
necesidad, y no tiene compasión de él, ¿cómo se
puede decir que el amor de Dios habita en él?

1 JUAN 3:17

LA SUPREMA FELICIDAD DE LA VIDA ES LA CONVICCIÓN DE

QUE SOMOS AMADOS; AMADOS POR NOSOTROS MISMOS.

—VICTOR HUGO

El que siembra escasamente, escasamente cosechará,

y el que siembra en abundancia, en abundancia

cosechará. Cada uno debe dar según lo que haya

decidido en su corazón, no de mala gana ni por

obligación, porque Dios ama al que da con alegría.

–2 Corintios 9:6-7

Dios ama AL QUE DA CON ALEGRÍA

No PERMITA QUE NADIE LA CONVENZA de que no hay diferencia si usted da o no da. En la Biblia, un romano llamado Cornelio y su familia fueron el primer hogar gentil que se registra, que fueron salvos luego de la resurrección de Jesús. ¿Por qué Cornelio tuvo ese honor de ser escogido? Él tuvo una visión donde se le dijo: "¡Dios ha recibido tus oraciones y tus donativos a los pobres como una ofrenda!" (Hechos 10:4, NTV). No estoy sugiriendo que usted puede comprar los milagros o que tenga que pagarle a Dios para que satisfaga sus necesidades. Sino lo que estoy diciendo es que Dios ve su generosidad y los actos de bondad. A Dios le complace cuando usted da, y Él derrama su favor en usted.

A través de toda la Biblia, encontramos el principio de la siembra y la cosecha. "Cada uno cosecha lo que siembra" (Gálatas 6:7). Así como el agricultor debe plantar algunas semillas si espera cosechar, nosotros de igual manera debemos plantar algunas buenas semillas en los campos de nuestras familias, del trabajo, y las relaciones personales. Si quiere cosechar felicidad, tiene que sembrar algunas semillas de "felicidad" haciendo a otros felices. Si quiere cosechar bendición financiera, debe sembrar semillas financieras en las vidas de otros. La semilla siempre tiene que anteceder.

En medio de una gran hambre en la tierra de Canaán, Isaac hizo algo que la gente sin entendimiento pudo haber pensado que era extraño. Él sembró la semilla y luego cosechó al ciento por uno, porque el Señor lo bendijo (Génesis 26:12). En el tiempo de necesidad, Isaac no se cruzó de brazos, esperando que alguien viniera a ayudarlo. No, él actuó en fe, y Dios sobrenaturalmente multiplicó esa semilla.

Dios lleva un récord de cada acto bueno que usted ha hecho, incluyendo aquellos con su familia. Quizás piense que pasó desapercibido, pero Dios lo vio. Y en el tiempo de su necesidad, Él se asegurará que alguien esté ahí para ayudarla. Sus actos generosos se revertirán en usted. Dios ha visto cada sonrisa que usted le ha dado a un hijo herido. Él ha observado cada vez que usted sale para extender una mano amiga. Dios ha sido testigo cuando usted ha dado sacrificialmente, aun dándole a otros dinero que posiblemente ha necesitado desesperadamente para usted o su familia. Dios ha prometido que su generosidad se revertirá en usted (vea Lucas 6:38). Cuando usted es generosa con los demás, Dios siempre será generoso con usted.

CONSIDERE LA PALABRA DE DIOS A LA LUZ DE LA MATERNIDAD

El que es generoso prospera;
el que reanima será reanimado.

PROVERBIOS 11:25

DECIDA

ser feliz

APRENDA A VIVIR UN DÍA A LA VEZ.

POR SU PROPIA VOLUNTAD, DECIDA

COMENZAR A DISFRUTAR SU VIDA AHORA.

DISFRUTE CADA COSA EN SU VIDA.

UNA MADRE RÍE CON NUESTRAS RISAS, LLORA CON NUESTRO LLORO,

RECIPROCA NUESTRO AMOR, TEME NUESTROS TEMORES.

ELLA VIVE NUESTRAS ALEGRÍAS, QUIERE LO QUE NOSOTROS QUEREMOS,

Y ELLA COMPARTE TODOS NUESTROS SUEÑOS Y ESPERANZA.

—JULIA SUMMERS

El gozo ES SU DECISIÓN

EL APÓSTOL PABLO ESCRIBIÓ MÁS DE la mitad del Nuevo Testamento mientras estaba encarcelado, donde a menudo las celdas eran del tamaño de un baño pequeño. Incluso Pablo escribió estas palabras maravillosas palabras de fe como: "Todo lo puedo en Cristo que me fortalece" (Filipenses 4:13). Y: " ¡Pero gracias a Dios, que nos da la victoria por medio de nuestro Señor Jesucristo!" (1 Corintios 15:57), y "Alégrense siempre en el Señor" (Filipenses 4:4). Note que debemos regocijarnos y estar alegres en todo tiempo. En sus dificultades, cuando las cosas no van bien con sus hijos, tome la decisión de mantenerse llena de gozo.

Necesita entender que el enemigo no va realmente tras sus sueños, su salud o sus finanzas. Él no va principalmente tras su familia. Él quiere robarle el gozo. La Biblia dice que "el gozo del Señor es nuestra fortaleza" (Nehemías 8:10), y su enemigo sabe que si puede engañarla para que viva en la escasez y depresión, entonces no va a tener la fuerza necesaria (física, emocional o espiritual), para resistir sus ataques.

Esto es una verdad sencilla y profunda a la vez: La felicidad es una decisión. Usted no tiene que esperar a que todo esté perfecto en su familia. No tiene que abstenerse de ser feliz hasta que pierda peso, rompa un hábito dañino, o alcance todas sus metas. El séptimo paso para disfrutar su mejor vida ahora es decidir ser feliz hoy.

¡Usted podría además decidir ser feliz y disfrutar su vida! Cuando usted hace eso, no solo se sentirá mejor, sino que su fe hará que Dios se revele y obre milagros. Para eso, necesita aprender a vivir un día a la vez; mejor aun, saque el mayor provecho de ese momento. Es bueno establecer metas y hacer planes, pero si usted siempre vive en el futuro, nunca va realmente a disfrutar el presente de la manera que Dios quiere.

Necesitamos entender que Dios nos da la gracia para vivir el día de hoy. Él aún no nos ha dado la gracia de mañana, y no debemos preocuparnos por eso. Por voluntad propia, decida empezar a disfrutar su vida ahora mismo. Aprenda cómo sonreír y reír. Deje de ser tan seria y estresada. Disfrute de su familia, sus amistades, y su salud; disfrute todo en su vida. La felicidad es una decisión a tomar, no una emoción que debe sentir. La felicidad es su decisión.

CONSIDERE LA PALABRA DE DIOS A LA LUZ DE LA MATERNIDAD

Gran remedio es el corazón alegre, pero
el ánimo decaído seca los huesos.

PROVERBIOS 17:22

No es los grandes placeres lo que más cuenta;

es hacer muchísimo con los pequeños placeres.

–Desconocido

CUANDO PENSASTE QUE NO ESTABA MIRANDO, ESCUCHÉ

QUE HICISTE UNA ORACIÓN, Y CREÍ QUE HAY UN DIOS

CON QUIEN SIEMPRE PODRÍA HABLAR...CUANDO

PENSASTE QUE NO ESTABA MIRANDO, VI QUE TE

IMPORTABA, Y QUISE SER TODO AQUELLO QUE PODÍA SER.

—MARY RITA SCHILKE KORZAN

SEA UNA PERSONA DE
excelencia E integridad

PARA MUCHAS MADRES, LA MEDIOCRIDAD ES la norma; ellas quieren hacer lo mínimo que sea posible y seguir así. Pero Dios no nos creó para ser mediocres. Él no quiere que solo seamos así. Dios nos llamó para ser personas de excelencia e integridad, personas honrosas, personas confiables. De hecho, la única manera de ser verdaderamente feliz es vivir con excelencia e integridad. Cualquier indicio de concesión puede empañar nuestras más grandes victorias o nuestros más grandes logros.

Una persona de excelencia va la milla extra para hacer lo correcto. Una persona de integridad es abierta y honesta y fiel a su palabra. No tiene ninguna agenda escondida o motivos ulteriores. Las personas de excelencia le dan a sus patronos un día completo de trabajo; ellos no llegan tarde, ni se van temprano, o llaman enfermos cuando no lo están. Cuando usted tiene un espíritu de excelencia, se demuestra en la calidad de su trabajo y en la actitud con que lo hace. Las personas de integridad son los mismos en privado que cuando están en público. Ellos hacen lo que es correcto sea que alguien los esté observando o no.

Si usted no es una persona íntegra, nunca logrará alcanzar su máximo potencial. La integridad es el fundamento donde se construye una vida verdaderamente exitosa. Cada vez que usted hace una concesión, cada vez que es menos honesta, está causando que una ligera grieta se abra en el fundamento. Si continúa haciendo concesiones, ese fundamento nunca va a sostener lo que Dios quiere que construya. Nunca tendrá una prosperidad perdurable si primero no tiene integridad. Puede que disfrute de cierto éxito temporero, pero nunca verá la plenitud del favor de Dios si no toma el camino del éxito ni toma las decisiones más excelentes. Por otro lado, las bendiciones de Dios nos rebasan si optamos por no menos que vivir íntegramente.

El pueblo de Dios son personas de excelencia. Recuerde: Usted representa al Dios Todopoderoso. Cómo usted vida, cómo usted tiene cuidado de sus hijos y cómo usted hace su trabajo, todo es un reflejo de nuestro Dios. Si usted quiere vivir su mejor vida ahora, comience a apuntar por la excelencia en cada cosa que haga. Cualquier cosa que hagamos, debemos ponerle el mejor esfuerzo y hacerlo como que lo estamos haciendo para Dios. Si trabajamos con ese estándar en nuestra mente, Dios promete recompensarnos, y otros serán atraídos a Dios.

CONSIDERE LA PALABRA DE DIOS A LA LUZ DE LA MATERNIDAD

"El que es honrado en lo poco, también lo
será en lo mucho; y el que no es íntegro en
lo poco, tampoco lo será en lo mucho".

LUCAS 16:10

EL DESTINO FUTURO DE UN HIJO ES SIEMPRE

LA OBRA DE UNA MADRE.

—NAPOLEÓN

Una madre es la mejor amiga que tenemos, cuando las pesadas y repentinas pruebas nos sobrevienen; cuando la adversidad ocupa el lugar de la prosperidad; cuando los amigos que se gozan con nosotros en pleno sol nos abandonan; cuando los problemas se acrecentan a nuestro alrededor, ella aún está aferrada a nosotros, y se empeña con sus consejos y preceptos tiernos en disipar las nubes de oscuridad, y causa que la paz vuelva a nuestros corazones.

—Washington Irving

Su mejor vida AHORA

¡LAS MADRES QUE TIENEN A DIOS deben ser las madres más felices de la tierra! Tan felices, de hecho, que otras personas se den cuenta. Vivir su mejor vida ahora es vivir con entusiasmo y estar emocionadas con la vida que Dios le ha dado. Es creer que hay más cosas buenas por delante, pero es además vivir el momento ¡y disfrutarlo hasta el final!

No sea ingenua. Las presiones, las tensiones y el estrés de la vida moderna constantemente amenazan con robarnos nuestro entusiasmo. Posiblemente conozca algunas personas que han perdido su pasión y placer por la vida. Una de las razones principales por las que perdemos nuestro entusiasmo en la vida es debido a que damos por sentado lo que Dios ha hecho por nosotros. Nos acostumbramos a su bondad, la cual se convierte en una rutina.

No dé por sentado el regalo más grande de todos que Dios le ha dado: ¡usted misma! No permita que su relación con Él se vuelva obsoleta o su apreciación por su bondad se vuelva común y corriente. Necesitamos suscitarnos a nosotros mismos, reponer nuestro suministro de las bendiciones de Dios cada día.

Nuestras vidas necesitan ser inspiradas, infundidas, refrescadas con su bondad cada día.

No se mueva por moverse en la vida. Haga una decisión de que no va a vivir un día más sin el gozo del Señor en su vida; sin el amor, la paz y la pasión; sin sentirse emocionada sobre lo que está pasando en su vida. Y entienda que no tiene que estar pasando algo extraordinario en su vida para sentirse emocionada. Quizás no tenga los hijos perfectos o el matrimonio perfecto o vive en la casa perfecta, pero usted puede aun así escoger vivir rebosante cada día con la presencia de Dios.

Si usted quiere ver el favor de Dios, haga las cosas de todo corazón. Hágalo con pasión y más fervor. No sólo se sentirá mejor, pero ese fuego se regará y pronto otras personas querrán tener lo que usted tiene. Sea donde sea que usted se encuentre en la vida, haga lo mejor de ella y sea la mejor persona que pueda ser.

Eleve su nivel de expectativa. Es nuestra fe la que activa el poder de Dios. Dejemos de limitarlo con nuestra mente escasa y pequeña y comencemos a creerle por cosas mayores y mejores. Dios la llevará a lugares que nunca soñó, y estará viviendo su mejor vida ahora.

CONSIDERE LA PALABRA DE DIOS A LA LUZ DE LA MATERNIDAD

Nunca dejen de ser diligentes; antes bien,
sirvan al Señor con el fervor que da el Espíritu.

ROMANOS 12:11

EL GOZO ES UNA RED DE AMOR CON

LA CUAL USTED PUEDE ATRAPAR ALMAS.

—MADRE TERESA